AF320828

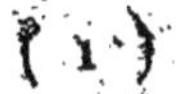

MAUREL,

COMMISSAIRE DES GUERRES,

AU CITOYEN

MONNOT,

REPRÉSENTANT DU PEUPLE.

CITOYEN REPRÉSENTANT,

Un décret de la convention nationale me rendait la justice à laquelle j'avais le plus grand droit. Mal informé, vous en avés obtenu la suspension. Permettez qu'avec le langage d'un homme libre, je vous prouve combien vous avez eu tort.

Si nous vivions encore sous la tyrannie des décemvirs, si l'affreux Robespierre régnait encore sur la France et sur le sénat, trop flatté alors d'être l'objet, et la victime des persécutions de ses dignes partisans, je me dispenserais de répondre aux vils et lâches

A

calomniateurs qui, depuis deux ans, me poursuivent, dans le sein même de la représentation nationale, avec un si rare acharnement; car rien au monde n'honore plus un galant homme, un vrai républicain, que la mésestime des fripons et la haine des tyrans.

Mais, citoyen, lorsque la liberté est reconquise, lorsqu'il est permis d'élever la voix contre l'oppression, et de démasquer, sans danger, les intrigans et les traîtres qui ne cherchent qu'à deshonorer notre gouvernement et à perdre la chose publique en entraînant, par d'abominables tactiques, la convention nationale dans des démarches, dont le moindre inconvénient est de faire soupçonner la pureté de ses intentions et de ses principes, je serais coupable de souffrir, sans m'en plaindre, qu'un législateur abusé peut-être par les perfides rapports de gens nécessairemen intéressés à me perdre, vienne d'un côté flétrir et déchirer impunément la réputation d'un père de famille estimable et estimé, j'ai l'orgueil de le dire, de quiconque l'a connu; et de l'autre (ce qui est bien autrement important), surprendre un décret, beaucoup trop fait pour réjouir les nombreux

ennemis que le régime abominable de l'exé-
crable montagne (qui ne reconnaisait de loi
que ses caprices,) a fait au régime républi-
cain. Certes! en vous conférant le droit de
fonder notre bonheur et notre liberté, il
n'est sûrement entré dans l'esprit d'aucun
français de se donner ni de nouveaux maî-
tres, ni de superbes censeurs, ni d'insolens
dispensateurs de réputations. Trouvez donc
bon, citoyen représentant, que je soumette
au public quelques observations sur ce qui
est venu à ma connaissance du rapport aussi
injuste qu'inattendu que vous avez mis tant
d'empressement à faire hier à l'assemblée. Il
m'avait fallu dix mois de travail, de prières,
de vives sollicitations pour obtenir justice,
deux jours vous ont suffi pour en arrêter de
nouveau le cours! Ce contraste ne laisse
pas d'être digne de quelque remarque.....
Vous m'avez attaqué dans le bien le plus
précieux, l'honneur; je dois à ma famille, à
mes enfans, à mes amis, à mes concitoyens,
à la convention qui m'avait rendu justice,
qui me la rendra encore une fois, j'en suis
certain, malgré toutes les brigues et toutes
les intrigues employées pour l'en empê-
cher, je me dois enfin à moi-même de prou-

ver jusqu'à quel point vous avez été trompé.

Vous avez sur de faux avis exposé à la convention, 1°. que les assignats trouvés chez moi, lors de mon arrestation étaient de la même série que ceux volés à la trésorerie le 4 avril.

Où est la preuve de ce fait ? c'est un impudent mensonge, une atroce imposture. Les assignats trouvés chez moi sont de cinq ou six séries différentes, et les commis ont avoué lors des débats, qu'ils ne savaient point qu'elle était la série ni les numéros des assignats délivrés au porteur du faux mandat. Il y a plus, l'identité eût-elle été constatée, je n'en serais pas plus pour cela dans le cas d'être accusé, puisqu'il est également constant au procès que je les avais reçus à la bourse.

2°. Vous avez dit que le tribunal de cassation n'avait annullé le jugement du tribunal criminel de Paris que pour défaut de formes et que son motif n'était pas fondé.

Oui sans doute le tribunal de cassation n'a annullé que pour défaut de formes ; la loi borne là ses pouvoirs ; il ne pouvait prononcer sur le fond. Mais le tribunal de Versailles chargé de ce soin, l'a examiné, et c'est après 22 heures de débats, qu'il m'a acquitté à l'unanimité, de l'accusation évidemment calomnieuse portée contre moi.

Mais, dites-vous, d'où vient sur un point de fait, cette différence dans les jugemens de Paris et de Versailles. D'où vient? De ce qu'ici ce sont des âmes honnêtes, des hommes justes, froids, impartiaux, étrangers à tous les partis, à toutes les passions qui ont jugé; tandis que là ce sont en grande partie, les auteurs, fauteurs et complices des épouvantables journées des 2 septembre et 31 mai, les jacobins enfin qui ont prononcé; et il était tout simple, tout naturel qu'un patriote de 89, le vieux ami de Barbaroux, le partisan déclaré de ces hommes vertueux qu'il plaisait à ces MM. à bonnet rouge, d'appeler *Girondins, Rollandistes* et *Brissotins*, fut assassiné, au moins moralement en attendant mieux. Aussi avait-on préparé ma perte, de longue main, en faisant publier par les journaux, au moment de mon arrestation, que j'étais l'ami de ces illustres proscrits, et avait-on attendu, pour me renvoyer devant un tribunal, que le 31 mai fut consommé. Car, (et c'est une chose digne de remarque), arrêté le 7 avril, je n'ai pour-

tant pu obtenir mon premier interrogatoire
que le 10 mai; (il fallait bien le temps à mes
persécuteurs de monter leurs batteries) et
je n'ai été jugé que le 15 juin. Quelle source
de réflexions!.... Le directeur du jury qui
deux fois a dressé mon acte d'accusation,
a été ensuite juge au tribunal de Robes-
pierre; le président et l'accusateur public de
celui où je fus traduit, créatures connues
de la faction impie qui, après le 31 mai,
couvrit la France de prisons, d'échafauds
et de sang, composaient, assure-t-on, le tri-
bunal prétendu populaire des massacreurs
du 2 septembre; les jurés, à quelques-uns
près, dont j'eus les suffrages, étaient tous
les plus déterminés jacobins, et l'on s'éton-
nerait de ma condamnation!....

3°. Vous avez dit que les mille louis en
or et les bijoux trouvés chez moi, faisaient
précisément au prix que se vendait alors
cette matière, le complément des 600,000 l.

C'est encore une nouvelle imposture,
calculez avec moi. Il est prouvé au procès
que j'avais vendu à cette époque des louis
à 64 liv. et qu'ensuite j'avais acheté à 62 l.
les mille en question. Or mille louis à 62 l.
font la somme de 62,000 liv. qui jointe aux

aux trois cents soixante en assignats, for-
ment celle totale de 422,000 liv, et de-là à
600,000 liv. il y a encore un pas.

Quant aux prétendus bijoux dont on a,
et l'on sent bien pourquoi, fait tant de
bruit, ils consistent, il est bon de le dire,
en deux montres dor, dont l'une à répéti-
tion, une autre en argent achetées et payées
depuis 1790, et en quelques bagatelles que
je devais porter ou envoyer à mes en-
fans, achetées et payées aussi deux mois
avant mon arrestation, et dont la valeur
n'excédait pas alors mille ou douze cents liv.
Ces faits, comme tous ceux qui précèdent
et vont suivre, sont constans au procès.

4°. Enfin vous avez dit que si l'on me rem-
boursait en même nature les sommes et ef-
fets dont on m'a dépouillé, je serais le plus
riche particulier de la République.

Quelle misérable raison! On l'a donc mise
dans un état bien déplorable notre Répu-
blique, si le citoyen qui peut aujourd'hui
compter mille louis en or dans ses coffres,
et se décorer de quelques frivoles bijoux
très-ordinaires, en est le plus riche habi-
tant? Mais quand cela serait, est-ce une rai-
son pour me dépouiller? où est donc la jus-

tice ? où sont donc les principes sacrés sur la propriété ? Robespierre, et Cambon, et leur clique sont-ils donc de retour dans le sénat français, et voudriez-vous encore battre monnaie à la manière de Barrère ?

Au surplus par quelle horrible perfidie ne, vous a-t-on, pas appris que les trois quarts de l'argent qu'il s'agit de me restituer n'est point à moi, mais bien aux capitalistes qui l'avaient versé dans mes mains, pour être utilement employé dans une fourniture de trois millions environ que mon père était chargé de faire aux armées de la République ? tout cela est encore constant au procès : le traité avec l'administration et les sentences obtenues au tribunal de commerce et les poursuites faites en conséquence sont des témoignages irrécusables.

Mais pourquoi encore n'avez-vous pas parlé de cette énorme différence qui existe entre la figure de l'individu d'abord dénoncé et signalé par messieurs les commis de la trésorerie, et la mienne, d'ailleurs si facile à saisir et à dépeindre ? Pourquoi n'avez-vous pas dit qu'il n'y a pas plus de ressemblance entre cet individu signalé dans leurs dénonciations et moi, qu'il n'en existe entre le blanc et le noir ? Pourquoi n'avez-vous pas dit qu'excessivement marqué de petite vérole, couturassé jusqu'à faire peur au premier coup-d'œil, personne ne s'est pourtant avisé, dans les dénonciations qui ont précédé mon arrestation, de signaler ce trait vraiment caractéristique qui ne peut échapper ? Pourquoi n'avez-vous pas dit que, commissaire des guerres employé à Paris, j'étais nécessairement connu à la trésorerie, où je touchais tous les mois mes appointemens, et où (chose un peu remarquable) j'avais reçu ceux du mois de mars précisément la veille du délit, et dans les mêmes bureaux où il a été commis, ce qui rend impossible, invraisemblable le fait dont il s'agit ? Pourquoi n'avez-vous pas parlé de mon *alibi*, si bien prouvé au procès ? Pourquoi n'avez-vous rien dit du témoignage honorable et flatteur que toutes les autorités constituées de mon département ont rendu de mes principes moraux et politiques ? Pourquoi n'avez-vous pas dit que, le jour de mon arrestation, ces mêmes commis qui m'ont ensuite accusé, avaient cependant déclaré ne pas me reconnaître pour l'individu qu'ils avaient vu et payé ? Pourquoi n'avez-vous pas dit qu'à l'audience du tribunal de Paris, notoirement influencé (j'en appelle à quiconque fut témoin des débats), un des commis *chargé de m'accuser*, eut l'impudeur de me reconnaître dans la personne d'un autre individu qu'apparemment il croyait être l'accusé? Pourquoi n'avez-vous pas dit que le président Oudart, si peu fait pour les fonctions délicates qu'il remplit, a montré dans cette occasion entre autres tant de passion et de partialité, qu'une foule de spectateurs sortit suffoquée d'indignation ? Pourquoi n'avez-vous pas dit que tous les commis de la trésorerie, juges et parties dans leur propre cause, étaient sans cesse tombés dans de révoltantes et épouvantables contradictions ? Pourquoi n'avez-vous pas dit qu'à Versailles les auditeurs, entraînés par leur profonde indignation, ont, dans plus d'une occasion, crié contre eux à l'imposture ?

Pourquoi, ayant entretenu la convention du fond de cette affaire, lui avez-vous tu que, devant ce même tribunal, deux témoins, alors attachés à la police, ont déposé que les six cent mille livres avaient été reçues par un particulier, qui est disparu depuis cette époque, et dans les mains duquel l'un d'eux avait vu, le matin même du vol, un mandat de pareille somme.

Pourquoi, dans votre inconcevable rapport, m'avez-vous présenté à la convention nationale comme n'ayant échappé à une condamnation que vous prétendez juste, qu'à la faveur d'un léger vice de forme, tandis que *toutes les formes les plus essentielles* et toutes les lois protectrices des accusés avaient été violées ; tandis qu'au fond de l'affaire, des preuves éclatantes et victorieuses de mon innocence jaillissent de toutes parts. Pourquoi n'avez-vous pas parlé de toutes ces preuves irréfragables ? Pourquoi les avez-vous cachées à la convention ? Elles sont pourtant toutes constantes au procès. Voudriez-vous donc, comme sous Robespierre, rejeter tout ce qui dépose en faveur des accusés ? Non, vous ne viendrez plus à bout de faire adopter ces horribles principes à la convention nationale redevenue libre.

Si dans tout ce que je viens d'énoncer il est un seul fait, je ne dirai pas controuvé, mais seulement inexact, que ceux qui me poursuivent dans les ténèbres (car je n'ai point eu de partie civile au procès), le démentent s'ils l'osent, je les en défie formellement ; et je consens, dans ce cas, à être déclaré le plus infâme des hommes, et à jamais indigne du nom de républicain français. Plus généreux qu'eux, je passerai sous silence toutes les inouies vexations, toutes les infernales manœuvres qu'ils ont employées pour me sacrifier à leurs calculs homicides. Je ne parlerai pas de l'arrestation et incarcération arbitraire pendant onze mois de mon malheureux père, vieillard respectable de soixante-dix ans, non plus que de celle des citoyens que j'avais été forcé d'appeler en témoignage. Je ne parlerai pas des menaces faites à mes amis, à mes défenseurs, s'ils continuaient à me donner des soins, de l'isolement absolu dans lequel on m'avait réduit, des traitemens affreux qu'on m'a fait particuliérement éprouver, de la proscription enfin qui a pesé sur tout ce qui osait prendre quelque intérêt à mes malheurs. Je ne parlerai pas des réclamations sans cesse renouvelées et toujours infructueuses, que j'ai faites auprès des comités d'alors, pour être entendu, pour leur démasquer toutes ces manœuvres, pour leur dénon-

cer tous ces brigandages commis en leur nom ;
non., je n'en parlerai pas. Est-il donc besoin
aujourd'hui de rien de tout cela auprès du
législateur intègre , quand un jugement
solemnel *et en dernier ressort* a proclamé
authentiquement mon innocence ? Et où
en serions-nous donc si la plus sainte, la
plus sublime de nos institutions pouvait
jamais être méconnue , violée ? où serait la
garantie des personnes et des propriétés ? et
que n'aurions - nous pas à craindre encore
une fois pour la liberté publique s'il pouvait
exister une autorité au-dessus de la loi ? Je
ne crains pas de l'avancer : s'il est un homme,
je ne dis pas un législateur, qui sans connaître
un accusé, sans l'avoir vu, ni entendu ; sans
l'avoir confronté avec ses accusateurs, sans
avoir assisté aux débats entre lui et les témoins,
sans même avoir vu, ni lu le peu de pièces
qui se trouvent dans une procédure où tout
s'instruit presqu'oralement, (et vous n'avez
rien vu ni lu de tout cela,. citoyen repré-
sentant, puisque les pièces sont au comité
de législation) ; s'il est un homme, dis-je,
qui ose cependant se croire et se dire plus
instruit qu'un jury qui, après 22 heures de

débats acquitte à l'unanimité un prévenu, cet homme-là est à coup sûr un sot, un ignorant ou un scélérat profond.

P. S. Il est un dernier fait que je ne connaissais point lorsque j'ai fait imprimer cet écrit et auquel je dois une réponse. C'est celui contenu dans la lettre du citoyen Merlin de Douai, à son collègue Monnot. *Un particulier, dit-il, qu'il n'avait jamais vu, lui offrit le 7 nivôse,* (deux jours avant son rapport à la convention,) *cinquante mille écus pour le faire tourner à mon avantage; ce qui ne contribua pas peu, comme de raison, à le convaincre qu'effectivement j'étais coupable du délit qu'on m'imputait.* Je suis convaincu, puisqu'un représentant du peuple l'assure, que cette révoltante proposition lui a été faite; seulement il doit m'être permis de regréter que le citoyen Merlin n'ait pas sur le champ fait arrêter par la sentinelle (il y en a toujours auprès des comités) cet infâme personnage dans lequel on eut très-certainement trouvé un émissaire de mes trop scélérats persécuteurs, qui, désespérant sans doute du succès de

leurs criminelles entreprises, imaginèrent
cette nouvelle manœuvre afin d'indisposer
contre moi un législateur qu'ils étaient bien
sûrs d'indigner par ce moyen. Si le citoyen
Merlin veut bien se rappeler ma correspon-
dance directe avec lui, mes réclamations
réitérées auprès des comités de sûreté gé-
nérale, législation et finances d'alors, pour
être entendu et confronté en leur présence,
à mes lâches accusateurs, la promesse qu'il
m'avait faite, dans les derniers jours de fri-
maire, d'une *exacte justice*; le langage fier
et libre que j'ai toujours parlé dans mes let-
tres avant et après son rapport; s'il veut
bien se rappeler enfin qu'à l'époque dont il
s'agit, mon père et la plus part des témoins
qui avaient déposé à décharge dans mon
affaire, étaient déja incarcérés, que tous mes
amis étaient menacés de l'être, s'ils me don-
naient leurs soins (la preuve en est aujour-
d'hui sous les yeux du comité,) et qu'on
avait eu soin de répandre tellement la ter-
reur dans l'ame de tout ce qui pouvait s'in-
téresser à mes malheurs, que personne, jus-
qu'après le 9 thermidor, n'osa plus se mon-
trer pour mon père, ni pour moi, s'il dai-

gne faire tous ces rapprochemens, peut-être sera-t-il moins prompt à m'accuser sur de simples et trompeuses apparences, et peut-être aussi croira-t-il plus digne de lui de juger avec moins de sévérité un citoyen à qui, pour obtenir plutôt justice, il n'a manqué que d'être mieux connu de ceux qui, sans avoir voulu ni le voir, ni l'entendre, se croyent pourtant autorisés à prononcer sur son sort.

De l'imprimerie d'Antoine BAILLEUL, rue Haute-Feuille, n°. 22.